ACCESS
FRENCH
Support Book

ACCESS
FRENCH
Support Book

Bernard Grosz
Series editor: Jane Wightwick

Hodder & Stoughton
A MEMBER OF THE HODDER HEADLINE GROUP

Orders: please contact Bookpoint Ltd., 130 Milton Park, Abingdon, Oxon OX14 4SB. Telephone: +44 (0) 1235 827720, Fax: +44 (0) 1235 400454. Lines are open 9.00–6.00, Monday to Saturday, with a 24-hour message answering service. You can also order through our website: www.hodderheadline.co.uk

British Library Cataloguing in Publication Data
A catalogue entry for this title is available from The British Library.

ISBN 0 340 85639 4

First published 2003
Impression number   10 9 8 7 6 5 4 3 2
Year   2009 2008 2007 2006 2005 2004

Typeset by Transet Ltd., Coventry, England.
Printed in Great Britain for Hodder & Stoughton Educational, a division of Hodder Headline, 338 Euston Road, London NW1 3BH by Bath Press Ltd, Bath.

Contents

SOLUTIONS TO EXERCISES

UNIT 1

1 On Commence

A ✓ Profession ✓ Name ✓ Address ⃝ Marital Status ⃝ Telephone number

B

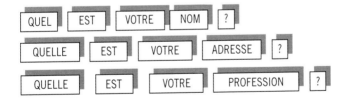

D **(A)** Bonsoir, je m'**appelle** Pierre Jacques. Mon **nom** est Jacques et mon **prénom** est Pierre.
(B) **Je** m'appelle Laure Boisin.
(A) **Enchanté.**
(B) Enchantée.

3 Qui suis-je ?

A 1 I am a maths teacher. 2 I have two children. 3 I am married. 4 I live in Brussels. 5 I was born in Montreal. 6 I am Swiss. 7 I am twenty.

B 1 **b** Paul; 2 **d** Justine; 3 **a** Jamal; 4 **c** Nathalie.

C 1 Je **suis** garagiste. 2 J'**ai** quatre enfants. 3 Je **suis** célibataire. 4 J'**habite** en France. 5 Je **m'appelle** Jamal. 6 Je **suis** de Londres. 7 Je **suis** anglais. 8 J'**ai** 32 ans.

D 1 Il **s'appelle** Michel Bourgeois. 2 Je **suis** de Lille. 3 Brigitte **habite** à Birmingham. 4 Elle **est** française. 5 Christian **est** marié. 6 Il **a** deux enfants. 7 Vous **avez** un téléphone portable ? 8 J'**ai** 55 ans.

E 1 Il est garagiste. 2 Il a quatre enfants. 3 Il est célibataire. 4 Elle habite en France. 5 Il s'appelle Jamal. 6 Il est de Londres. 7 Il est anglais. 8 Elle a 32 ans.

F
a – 18 ✔
b – **24**
c – 66 ✔
d – **40**
e – **13**
f – 41 ✔
g – 50 ✔
h – **50**
i – 12 ✔
j – **16**
k – 40 ✔
l – 68 ✔
m – 13 ✔
n – **31**
o – **36**

4 Et vous ?

B Vous êtes marié(e)? Vous avez des enfants? Vous habitez Liverpool? Vous êtes de Bruxelles? Quelle est votre adresse? Vous êtes français(e)? Quelle est votre nationalité? Quel est votre prénom?

C

Nom de famille	Lambert	Ablond	Dupont
Prénom	Philippe	Julien	Amandine
Habite à	Lyon	Calais	Nice
Situation de famille	divorcé	marié	célibataire
Enfant	0	2	0
Age	41	33	18
Profession	décorateur	technicien	étudiante

La Francophonie

A Group of countries or communities where French is the mother tongue, or used as the official or business language.

B a – le Canada ✓   f – le Royaume-Uni ◯
b – la Belgique ✓   g – l'Egypte ✓
c – le Portugal ◯   h – l'Inde ◯
d – la Suisse ✓   i – le Vietnam ✓
e – le Sénégal ✓   j – le Maroc ✓

UNIT 2

1 Vous vous souvenez?

A 1 **e**, 2 **d**, 3 **b**, 4 **a**, 5 **c**.

B Bonjour Julien. Voici Mary. Elle a 28 ans, elle est née à Cardiff et elle habite à Londres.

2 Quoi de neuf?

A 1 **f**, 2 **a**, 3 **c**, 4 **g**, 5 **d**, 6 **b**, 7 **e**.

B Marianne est mariée. Marianne travaille pour une petite entreprise. Yves travaille pour une compagnie hollandaise. Yves est chef de production.

3 Les genres

A 2 Britney est américaine.
4 Véronique est mariée. 6 Marie est petite.

B
1 anglais – anglaise. 2 gallois – galloise. 3 écossais – écossaise. 4 irlandais – irlandaise.

4 Quelle est votre profession?

A 1 Cashier – **a** Justine. 2 Retired – **c** Thérèse. 3 Guide – **b** Mark.

B 1 Faux. 2 Vrai. 3 Vrai. 4 Vrai. 5 Vrai. 6 Vrai.

5 Le présent

A 1 J'étudie … 2 Nous emballons …
3 Vous accompagnez …
4 Elle choisit … 5 Les enfants grandissent … 6 Ils rendent …
7 Je descends … 8 je me réveille …
9 Nous nous promenons …

B 1 I study French and Italian at university. 2 We pack the customers' shopping. 3 Do you accompany the tourists to the hotel? 4 She's choosing a souvenir from Paris. 5 Children grow up quickly. 6 They visit Chantal regularly. 7 I'm going down the stairs. 8 I normally wake up at 7 o'clock. 9 We walk in the park every Sunday.

6 Compagnie internationale

A compagnie, Directeur Général, supermarchés, hypermarchés, Europe, employez, personnes.

B 1 supermarkets and hypermarkets; 2 25; 3 France, Germany, Belgium, Spain, Portugal, Czech Republic and Poland.

C bureau, je sais, occupé, magasins, plein temps, c'est difficile, ça dépend.

7 Des nombres

A 1 **c**, 2 **d**, 3 **h**, 4 **b**, 5 **g**, 6 **a**, 7 **f**, 8 **e**.

C Québec-City: 89 employees. Boston: 72 employees. Valenciennes: 94 employees. Rouen: 75 employees.

8 Encore des questions?

A 1 **a** Je m'appelle Patrick Nadler. **b** N-A-D-L-E-R. **c** Je suis chiropracteur-ostéopathe. **d** Je travaille à Papeete, à Tahiti. **e** Quarante-deux, vingt-trois, trente. 2 **a** Ma compagnie s'appelle Buro online. **b** Mon prénom est Laurent. **c** Je suis Webmaster. **d** Oui, je travaille à Lognes. **e** Laurent 'point' greber 'arrobas' buronline 'point' com.

B *Dialogue 1*: étudiant, qu'est-ce que, tous les jours, mercredi. *Dialogue 2*: infirmière, à quelle heure, vers, le soir, quelquefois, jeudi, ménage.

C 1 Je ne fume pas. 2 Je ne parle pas italien. 3 Je ne suis pas marié(e).

La Francophonie

A **a** capital city, **b** number of inhabitants of Ottawa, **c** population of Canada, **d** people of French origin, **e** people of Dutch origin, **f** people of German origin, **g** second official language, **h** proportion of Jewish people, **i** subdivision of Canadian dollar.

B March, Charlemagne (Quebec); married, agent; eyes; self-determination, professionalism, discipline; drinks alcohol, drugs, smoke; white, red; shoes; singers.

Looking forward

cheese, tea, orange juice, bread, butter, oil, ham, jam.

UNIT 3

1 Vous vous souvenez

B 1 **c** étudiante, 2 **d** secrétaire, 3 **a** réceptionniste, 4 **b** avocate, 5 **e** dentiste.

2 Avant tout

A *Dans le placard:* le café, le thé, le sucre, les pâtes.
Dans le réfrigérateur: la bière, le lait, la crème fraîche, les fruits, la limonade, le pâté, le vin blanc.

B 1 **la** salade, 2 **l'**eau, 3 **l'**huile et **le** vinaigre, 4 **la** sauce, 5 **le** sucre, 6 **les** légumes, 7 **la** limonade.

3 En route pour le shopping

A 1 Vrai (24h/24). 2 Vrai (garderie). 3 Faux (Monday to Saturday). 4 Faux (only clothes and batteries). 5 Vrai (presse).

B 1 Boucherie, 2 Epicerie salée, 3 Conserves, 4 Fruits, Légumes, 5 Produits Laitiers, 6 Boulangerie, 7 Produits Laitiers, 8 Vins, Alcools, 9 Soin, Hygiène, 10 Maison, 11 Boisson.

C 1 du poulet, 2 du fromage, 3 du vin rouge, 4 du liquide vaisselle, 5 de la confiture.

D

1	2	3
roast beef	**beer**	**coffee**
oil	bread	frozen chips
ham	**3kg of apples**	**margarine**
carrots	**1 cucumber**	**lemon tart**
red wine	shampoo	roast chicken
		paper napkins

E 1 du jambon, 2 la salade, 3 des chips, 4 le shampooing, 5 de la viande, 6 l'huile.

4 On prend un verre?

B Diabolo menthe, (café-)crème, jus de tomate, bière, vin rouge.

C désirez, soif, avec, prends, jus, voudrais, verre, addition, combien.

5 Les quantités

A 1 **e**, 2 **f**, 3 **g**, 4 **h**, 5 **i**, 6 **c**, 7 **j**, 8 **d**, 9 **a**, 10 **b**.

B 250 grammes de beurre, un kilo de pommes de terre, 750 grammes d'oranges, un litre d'huile d'olive, un paquet de biscuits, une tranche de jambon, un morceau de gâteau, un pot de confiture, une plaque de chocolat, un peu de sauce.

C 240 g de farine, 120 g de sucre, 120 g de beurre, 4 jaunes d'œufs, 80 g de sucre glace, 300 g de confiture de framboises, une pincée de sel.

La Francophonie

A 1 Catholic, Protestant and voodoo. 2 Creole. 3 Tropical climate. 4 Port-au-Prince. 5 Its culture, painting, music and for making visitors welcome. 6 Coffee beans, corn, rice, beans, bananas, cocoa beans, sugar cane, mangoes, pineapples, pawpaws, mandarins. 7 Marble.

B 2 avocados, 1 tin of crabmeat, chives, 1 shallot, red chillies, 1 lime, oil, salt, pepper, white wine, 2 kg tuna, 2 tomatoes, 1 onion, 2 lemons, thyme, parsley, 1l milk, cocoa powder, eggs, sugar, cinnamon stick, nutmeg, cornflour, vanilla, roasted peanuts or split almonds.

Looking forward

playing the piano, swimming, washing up, ironing, playing badminton, collecting stamps.

UNIT 4

1 Vous vous souvenez

A 1 du café, une tasse de café; 2 des pommes, un kilo de pommes; 3 de la quiche, un morceau de quiche; 4 du saucisson, une tranche de saucisson; 5 de l'eau, une bouteille d'eau.

2 On y va …

A crazy golf, bowls, swimming, archery.

B volley-ball, swimming pool, ice skating.

3 Mon temps libre

A 1 Quand je ne travaille pas… **b** et

bien, je m'occupe de la maison. 2 Et le week-end, et bien, … **h** nous allons à la piscine le samedi matin. 3 Nous allons quelquefois… **g** au cinéma et ensuite, nous allons au MacDo. 4 Je suis plutôt sportif: **e** je fais du football, de la musculation. 5 Le curling?… **c** C'est comme la pétanque, mais sur glace. 6 J'ai deux enfants… **f** et j'aime rester avec eux. 7 Nous regardons la télévision… **d** mais j'aide aussi ma femme dans les tâches ménagères. 8 Je suis aussi musicien… **a** et je joue de la guitare et de la batterie.

B *Interview 1*

… je m'occupe **de la maison** car j'ai **trois** enfants et croyez-moi, il y a du travail… Alors, je fais le ménage, et **j'ai horreur de** faire le ménage…

Interview 2

Homme: Et bien, je suis plutôt sportif: je fais du football, de la **musculation** et depuis quelques **mois**, je fais du curling.

Juliette: Du curling ? Qu'est-ce que c'est ?

Homme: Le curling? C'est comme la pétanque, mais sur glace. Je vais à la **patinoire** une fois par semaine, le samedi matin et **j'aime beaucoup** ce sport.

Interview 3

Je suis aussi **musicien** et je joue **de la guitare** et de la batterie. Ma femme **n'aime pas** quand je m'exerce à la batterie, je ne sais pas pourquoi…

C Je fais du basket. Je joue au ping-pong. Nous faisons les mots croisés. Je fais de la plongée sous-marine. Elle joue au hockey. Il joue du violon. Vous faites du sport? Tu joues aux jeux électroniques? Il fait de la peinture?

4 A la maison

A 1 **f** washing up, 2 **e** vacuuming, 3 **d** shopping, 4 **c** ironing, 5 **a** cooking, 6 **b** making the bed.

B

Juliette: Excusez-moi, monsieur, vous êtes marié?

Homme: Oui, ma femme est là-bas, elle gare la **voiture**.

Juliette: Alors pouvez-vous me dire qui fait le ménage à la maison?

Homme: C'est moi! Je fais la cuisine et je fais la vaisselle tous les soirs. Et puis dans la **journée**, je fais le lit, je fais la **lessive**, je passe l'aspirateur une fois par semaine et je fais le repassage aussi.

Juliette: Mais votre femme a beaucoup de **chance**. Tiens, la voilà! Bonjour madame, mais quelle chance d'avoir un mari qui vous **aide** dans les tâches ménagères!

Femme: Comment? Un mari qui m'aide? J'aimerais bien! Il ne fait **rien** à la maison! Moi, je travaille, et quand je rentre, je fais la cuisine, la lessive, le repassage, je fais les **poussières** et je fais aussi les courses. Un mari qui m'aide?

Homme: Mais ma puce, ne t'énerve pas, je fais la vaisselle **quelquefois**.

Femme: Quelquefois? Une **fois** par an, pour mon anniversaire! Allez, on rentre à la **maison** et je ne suis pas ta puce!

C toujours, souvent, quelquefois, occasionnellement, rarement, jamais.

D 1 Je fais rarement la vaisselle. 2 Je fais toujours le lit. 3 Vous allez quelquefois en boîte? 4 Je regarde toujours les feuilletons. 5 Je vais occasionnellement à la gym.

E 1 **a**, 2 **k**, 3 **e**, 4 **h**, 5 **d**, 6 **i**, 7 **f**, 8 **c**, 9 **g**, 10 **j**, 11 **b**.

F C'est le vingt-six décembre. C'est le vingt-trois avril. C'est le trente novembre. C'est le premier mars. C'est le dix mars. C'est le seize juin. C'est le quatorze février.

5 Ma famille

A grands-parents, grand-père, grand-mère, parents, oncle, frère, père, mère, tante, sœur, cousin(s), fils, nièce, neveu.

B 1 Nelly – **c**; 2 Pascale – **b**; 3 Thierry – **d**; 4 Aïsha – **a**.

C 1 Le père de **ma** mère est **mon** grand-père. 2 La sœur de **votre** mère est **votre** tante. 3 Les enfants de **notre** oncle sont **nos** cousins. 4 La fille de **votre** mère est **votre** sœur. 5 **Sa** maison et **son** jardin sont magnifiques. 6 **Son** chien est tellement mignon. 7 **Son** petit-ami est anglais, il habite à Londres. 8 Julien est de Paris, mais **sa** sœur est née à Nice.

6 Et pour finir …

A 1 Faux (18 months old). 2 Vrai. 3 Faux (she does some cleaning for elderly people). 4 Faux (her mother and sister-in-law help her). 5 Vrai. 6 Vrai.

B 1 Je suis le père de trois enfants. 2 Ma femme est femme d'affaires / dans les affaires. 3 Elle voyage partout en France et en Grande-Bretagne. 4 Je me rends compte que travailler pour 6,70 euros de l'heure n'en vaut pas la peine. 5 Ma belle-mère m'aide beaucoup. 6 Je dois préparer le dîner et faire la vaisselle.

La Francophonie

A a coastline, **b** largest beach in Europe, **c** highest mountain in France, **d** number of vegetable/plant species, **e** types of cheese.

B
6 Number work

	m	e	t	r	o	p	o	l	e				
t	t		b		c								
e	r		i		h								
r	a	d	e	p	a	r	t	e	m	e	n	t	s
r	n		n		u							a	
i	s		s		f	s	a	n	t	e		b	
t	p				f							a	
o	o				a							c	
i	r		l	o	g	e	m	e	n	t			
r	t				e		l	o	i	s	i	r	s
e	s	a	l	i	m	e	n	t	a	t	i	o	n
s	a	l	a	i	r	e							

UNIT 5

1 Vous vous souvenez?

A mère, tante, femme, sœur, nièce.

B *Examples of answers:* Josiane, la mère de Bernard, tricote. Roger, le père de Nathalie, regarde la télévision. Bernard, le mari de Marie, fait des mots croisés. Marie, la belle-fille de Roger, fait de la peinture. Nathalie, la femme de Joussef, fait des courses. Joussef, l'oncle de Lucas, fait du repassage.

Lucas, le fils de Marie, joue de la guitare. Lucie, la sœur de Lucas, fait du cheval/fait de l'équitation. Nathan, le cousin de Lucie, joue aux jeux électroniques.

2 On va au resto?

A 1 Le Tutti Frutti/La Petite Faim. 2 Mi Ranchito. 3 Le Tutti Frutti/La Petite Faim/A Cloche-Pied/Mi Ranchito/La Grande Brasserie. 4 Le Tutti Frutti/Mi Ranchito/La Grande Brasserie. 5 Mi Ranchito. 6 Le Tutti Frutti/ La Petite Faim/A Cloche-Pied/La Grande Brasserie/Le Nectar. 7 La Grande Brasserie.

B 1 Faux (no dress code). 2 Vrai. 3 Faux (by the manor gardens). 4 Faux. 5 Faux (no credit cards accepted). 6 Faux (oysters). 7 Faux (climatisation).

3 Tu prends l'apéro
A

Pascale: Allô!

Annie: Allô, Pascale? Bonjour, **c'est** Annie.

Pascale: Ah, Annie, comment ça va?

Annie: Ben ça va! Ecoute, je t'appelle pour savoir si tu **peux** venir prendre l'apéritif samedi **soir** avec Philippe.

Pascale: Samedi? Non, Annie, je ne peux pas. Je vais **chez** ma belle-mère, c'est son anniversaire.

Annie: Ah! C'est dommage; et dimanche?

Pascale: Dimanche, oui, ça va, je **veux** bien. A quelle heure?

Annie: Vous **pouvez** venir pour midi. Et vous **voulez** manger avec nous?

Pascale: Non, Annie, c'est très gentil mais je **dois** finir mon projet pour lundi.

Annie: Tu es sûre? Je **fais** un couscous…

Pascale: Et j'**adore** le couscous. Ecoute, d'accord … mais on ne restera pas tard.

Annie: Pas de problème. A dimanche alors!

Pascale: Merci Annie, à dimanche!

B 1 **e**, 2 **b**, 3 **g**, 4 **c**, 5 **i**, 6 **h**, 7 **f**, 8 **a**, 9 **d**.

C (A) Salut Michel(le), ça va? (B) Ça va! Et toi? (A) Ça va! Ecoute, tu veux aller prendre un verre avec nous ce soir? (B) Ce soir? Malheureusement, je ne peux pas. (A) C'est dommage! (B) Je dois aller chez Véronique, c'est son anniversaire. (A) Elle peut venir aussi, si elle veut. (B) D'accord! On se retrouve où? (A) Au Café de la Mairie, à 20h00. (B) D'accord. A ce soir!

(A) Bonjour Michel(le), ça va? (B) Ça va! Et vous? (A) Ça va! Ecoutez, vous voulez aller prendre un verre avec nous ce soir? (B) Ce soir? Malheureusement, je ne peux pas. (A) C'est dommage! (B) Je dois aller chez Véronique, c'est son anniversaire. (A) Elle peut venir aussi, si elle veut. (B) D'accord! On se retrouve où? (A) Au Café de la Mairie, à 20h00. (B) D'accord. A ce soir!

4 Tu veux manger au resto?

A starter: **entrée**, main courses: **plats principaux**, dessert: **dessert**, fish: **poisson**, meat: **viande**, vegetables: **légumes**, homemade: **maison**, seafood: **fruits de mer**, chips: **frites**, included: **compris**.

B 1 6.40€. 2 5.20€. 3 11.90€. 4 12.50€. 5 9.30€. 6 5.50€.

C 1 S, 2 D, 3 S, 4 A, 5 A, 6 S, 7 S, 8 D, 9 A.

D 1 **e**, 2 **c**, 3 **d**, 4 **f**, 5 **b**, 6 **g**, 7 **a**.

5 Qu'est-ce que c'est 'shepherd's pie'?

A cuit au four: steak and kidney pie/shepherd's pie; en croûte: steak and kidney pie; un plat froid: Ploughman's; de l'agneau haché: shepherd's pie; de la salade: Ploughman's; du pain: Ploughman's; des rognons: steak and kidney pie; des pickles: Ploughman's; des légumes. steak and kidney pie/shepherd's pie; du bœuf: steak and kidney pie; de la purée de pommes de terre: shepherd's pie; du fromage: Ploughman's.

C 1 Steak and kidney pie? C'est une spécialité anglaise. C'est du bœuf et des rognons cuits avec des légumes, en croûte. 2 Ploughman's? C'est un plat froid. C'est du fromage avec du pain, de la salade et des pickles. 3 Shepherd's pie? C'est de l'agneau haché avec des légumes et de la purée de pommes de terre cuits au four.

6 Quelle soirée!

A Blanca is **hungry**. They've been waiting for **one hour**. The waitress eventually brings a **medium-rare** steak for Thierry and a **sole** for Blanca. The waitress then puts some **vegetables** on the table.

Blanca is suddenly horrified as she sees a **hair** on her fish, and at the same time, Thierry notices that his steak is **too cooked**. Thierry calls the waitress. She apologises and takes the plates **to the kitchen**.

B 1 **b** There's a fly in my salad, it's disgusting! 2 **d** There's some lipstick on my glass. 3 **a** My fork is dirty, would you give me another one please? 4 **e** There's some chicken in it and I'm a vegetarian. 5 **c** There is a mistake in the bill.

La Francophonie

B winter, December, March, meat, vegetables, cheese, bread, week, butter, flour, main cities, kitchen, soup, main course, 10.37€, mother, child.

UNIT 6
1 Vous vous souvenez?

B Line 1: entrée, **fourchette**, plat principal, dessert.
Line 2: bleu, saignant, **salé**, bien cuit.
Line 3: saumon, thon, truite, **chèvre**.
Line 4: **pommes**, poireaux, épinards, champignons. Line 5: cuillère, assiette, verre, **mouche**.

2 Qu'est-ce qu'il y a à faire?

A opera house, cathedral, canals, science museum.

B *Examples of answers:* A Paris, on peut visiter la Tour Eiffel. A Londres, on peut faire le tour de la ville dans un bus à impérial. A Douai, on peut écouter le carillon.

3 Il y a un distributeur de billets près d'ici?

A *Dialogue 1:* près d'ici, en face, cinéma, là-bas. *Dialogue 2:* en voiture, à pied, rue. *Dialogue 3:* le syndicat d'initiative, désolé. *Dialogue 4:* cinéma, en voiture, derrière.

B 1 cashpoint, 2 cinema, 3 station, 4 Underground station, 5 tourist office, 6 square, 7 post office, 8 car park.

C 1 Vrai. 2 Faux. 3 Vrai. 4 Vrai. 5 Faux. 6 Faux.

4 Pour aller au stade, s'il vous plaît?

A 1 Vrai. 2 Faux (c'est à gauche). 3 Faux (prenez la troisième à droite). 4 Faux (c'est ici, juste à gauche). 5 Faux (prenez la troisième à droite). 6 Vrai.

B 1 Continuez tout **droit**. 2 Prenez la **deuxième** à **gauche**. 3 Oui, **prenez la troisième à droite**. 4 Prenez la **deuxième à droite**. 5 Oui, alors **prenez la troisième à droite** puis **la deuxième à gauche**. 6 **Prenez la première à gauche** puis **continuez tout droit**.

C 1 Le château. 2 Le supermarché. 3 La banque. 4 Le musée.

D When you arrive in Calais, **follow directions for Lille**. When you reach Lille, **follow directions for Valenciennes**. **Take junction 9**, and turn **right** towards Douchy-les-mines. **At the crossroads**, turn right and drive on to **the traffic lights**. Turn **left**

and carry on straight on **for about 3 km**. Just **after the bridge**, turn left. The cemetery is **on your right**. Take the **third left**, rue Pasteur, number 26.

5 Quel temps de chien!

A 1 Vrai. 2 Faux (il fait froid). 3 Faux (il fait 8 degrés). 4 Faux (il neige). 5 Vrai.

B 1 Lille: fog, 12°C. 2 Brittany: rain, 10°C max. 3 Paris and 4 East (Strasbourg): cloudy, 14°C. 5 Lyon: fine weather. 6 The Alps: snow (above 2500 m). 7 Riviera: sunny, thunder storms (tonight). 8 Pyrenees: windy and cold, 7°C. 9 Corsica: cloudy, rain (in the morning).

C 1 En hiver, dans le nord de la France, il pleut beaucoup et il fait froid. 2 Au printemps, en Bretagne, il ne fait pas froid mais il y a beaucoup de nuages et de vent. 3 En été, dans le sud, il fait très chaud et il y a du soleil. 4 En automne, il neige dans les Alpes.

5 Aujourd'hui, ici, il fait du brouillard et il fait seulement 11 degrés.

La Francophonie

A 1 Culture/Musées. 2 Restaurants. 3 Transports. 4 Education. 5 Vues de Liège.

B *First paragraph:* 1 The port is the third largest river port in Europe. 2 Liège is situated in the heart of trans-European rail/road networks. 3 Transport, biotechnology, space research, electricity, steel... *Second paragraph:* The river and the hills. *Third paragraph:* 1 **b** motorway network; **d** high-speed rail network (TGV Thalys). 2 Oui. 3 Restaurants, cinema, theatre. *Fourth paragraph:* 2 Religious art museum. 3 Glassworks museum. 5 Furniture museum. 6 Gun museum.

UNIT 7

1 Vous vous souvenez?

A 1 Il fait du soleil. 2 Il y a des nuages. 3 Il pleut. 4 Il neige. 5 Il fait de l'orage.

2 On y va comment?

A 1 **b** by boat/ferry, 2 **d** on foot,
3 **e** by motorbike, 4 **g** by bus/coach,
5 **i** by underground, 6 **a** by car,
7 **c** by plane, 8 **h** by train, 9 **f** by bike.

B 1 Perpignan, South of France:
by car. 2 Montreal and Quebec,
Canada: by plane and car.
3 Scotland: by ferry and car.
4 Brittany: by bike. 5 Tunisia: by
plane and coach.

C 1 J'y vais tous les jours. 2 Non,
j'y vais en train ou en bus. 3 J'y vais
deux fois par semaine. 4 Non, il n'y
travaille plus depuis un mois.
5 Non, il y va avec ses parents.

D 1 Faux (with his wife). Vrai.
2 Faux (will hire a car). Faux (for
two weeks). 3 Faux (she has friends
over there). Vrai. 4 Faux (cycling).
Faux (two or three weeks). 5 Faux
(for a month). Faux (they'll travel by
coach).

E 1 Je reste à la maison ce soir. 2 Il
va louer un vélo. 3 Nous allons
vendre notre maison l'année
prochaine. 4 Je vais aller à la
banque demain matin. 5 Tu vas à
Londres la semaine prochaine?

3 Je vais réserver le ferry par Internet

A

Crossing Calais-Dover:	**Return**
Calais-Dover:	Tuesday 17th **July** 11.15
Dover-Calais:	**Tuesday** 19th August 13.00
Passengers:	Two adults + **two children (4-15 years old) + one baby (under 4)**
Vehicle:	**Camper-van**

B 1

Seafrance: Seafrance, bonjour ! (1)

Client: Non, en camping-car avec cinq passagers. (14)

Seafrance: Oui, pour quelle traversée? (3)

Client: 13h30. (12)

SF: Oui, pour quelle date? (5)

Client: Pour le 17 juillet. (6)

SF: A quelle heure? (7)

Client: Bonjour, j'ai un problème de connection Internet, et je voudrais faire une réservation. (2)

SF: D'accord, et le retour, pour quelle date? (9)

Client: Non, deux adultes, deux enfants et un bébé. (16)

SF: A quelle heure? (11)

Client: Le 19 août. (10)

SF: Oui d'accord, et vous voyagez en voiture? (13)

Client: 11h15. (8)

SF: Cinq adultes? (15)

Client: Calais-Douvres, aller-retour. (4)

SF: Très bien, ça fait 490 euros. (17)

C 1 08h00. 2 05h30. 3 14h40.
4 17h30. 5 23h55. 6 03h45.
7 13h45. 8 12h15.

4 A la gare

A 1 Isabelle is going to Amsterdam **next week**. 2 She wants to go on **Tuesday**. 3 She has to be in Amsterdam by **6.00 pm**. 4 She's returning to Brussels on **Thursday**. 5 She'll be travelling **on her own**. 6 She wants to pay **by credit card**.

B See p.18.

C 1 **d**, 2 **f**, 3 **a**, 4 **e**, 5 **b**, 6 **c**.

D 1 A quelle heure est le prochain vol pour Londres? 2 C'est quelle porte pour le vol AF541, s'il vous plaît? 3 L'embarquement est à quelle heure? 4 Il arrive à Edimbourg à quelle heure? 5 Je peux avoir une place fumeur? 6 Est-ce que le personnel de bord parle anglais?

4B

ALLER SIMPLE ☐   ALLER-RETOUR ✔

ALLER	RETOUR
ORIGINE: **Bruxelles-Midi**	ORIGINE: **Amsterdam**
DESTINATION: **Amsterdam**	DESTINATION: **Bruxelles-Midi**
DATE: **Mardi 23**	DATE: **Jeudi 25**
HEURE DE DÉPART: **14h28**	HEURE DE DÉPART: **8h56**
HEURE D'ARRIVÉE: **17h07**	HEURE D'ARRIVÉE: **11h32**
PASSAGERS: ADULTE(S): **1**	PASSAGERS: ADULTE(S): **1**
ENFANT(S) –15ANS: **0**	ENFANT(S) –15ANS: **0**
BÉBÉ(S) –3ANS: **0**	BÉBÉ(S) –3ANS: **0**

PRIX TOTAL (EN EUROS): **117**

PAIEMENT : LIQUIDE ☐   CHÈQUE ☐   CARTE DE CRÉDIT ✔

NOM: **Isabelle Moutier**

---

5 On peut louer une voiture …

A permis de conduire, clé, louer, vol, aujourd'hui, location, formulaire, kilométrage limité, emplacement.

B aider; voiture; quand; semaine; type; petit; 215,29; 2 000; comprises; 11h00; documents; gare.

C

Rate/Price Conditions:

The driver should be <u>more/older</u> than 21 years of age. Rental charges include :

- VAT <u>included</u>
- Licences and fees
- <u>Theft</u> waiver
- <u>Damage</u> waiver. Unwaivable charges may apply: please check at pick-up time.

You may select additional items at your pick-up location (not included in reservation price, VAT <u>not included</u>):

- <u>Young</u> driver cover 16.72€ per day
- Super Personal <u>Effects</u> cover 1.67€ per day
- Super Collision Damage Waiver and Theft Waiver 4.18€ per day
- Super Collision Damage Waiver and Theft Waiver 3.34€ per day
- Personal Accident cover 2.39€ per day
- <u>Additional driver</u> 2.09€ per day

E 1 **c** The engine's making a funny noise. 2 **d** The headlight's broken. 3 **a** I have a flat tyre. 4 **f** My car's broken down. 5 **b** My windscreen wipers are broken. 6 **e** The indicator isn't working.

La Francophonie

A

F	M	A	R	I	T	I	M	E	T	M
E	R	V	O	W	U	R	T	L	U	Y
R	E	N	T	R	E	T	I	E	N	R
R	S	T	Y	A	R	O	B	M	V	O
O	E	A	S	L	O	L	I	M	A	U
V	A	A	Z	R	O	U	T	E	S	T
I	U	E	P	F	I	L	U	H	I	I
A	E	R	O	D	R	O	M	E	S	E
I	F	I	J	U	P	Y	E	N	L	R
R	A	E	B	E	S	N	E	B	L	I
E	T	N	E	P	A	Y	S	A	E	S

B 1 2500 FCFA. 2 Midnight. 3 Malick Sy Avenue. 4 Blue and yellow; green. 5 The green bus. 6 Every 10–15 minutes.

Looking forward

60 rooms in city centre: air conditioning, en-suite bathrooms, 6 French television channels, 'Canal satellite' channels, daily newspapers, fast food/snacks all day, launderette, private car park monitored 24/24.

UNIT 8

1 Vous vous souvenez?

A

1 Il est cinq heures dix/Il est dix-sept heures dix. 2 Il est onze heures quarante/Il est douze heures moins vingt. 3 Il est midi/Il est douze heures. 4 Il est six heures trente/Il est six heures et demie. 5 Il est minuit/Il est zéro heure.

B 1 à l'aéroport. 2 à la gare. 3 à l'aéroport. 4 à la gare. 5 sur le ferry.

C 1 Faux (because of fog). 2 Faux (train **from** Paris). 3 Vrai. 4 Faux (Platform 12). 5 Faux (arrived in Portsmouth, passengers to go back to their vehicles).

2 Tout d'abord, il faut chercher un hôtel

A 1 Proche de l'aéroport/ climatisation. 2 Au bord de la mer / climatisation/chambres handicapés. 3 A la campagne/ animaux acceptés. 4 Centre-ville/ station de métro/parking. 5 A la montagne/restaurant.

B

Name:	Mme Michaud
Telephone:	03 13 56 51 00
Place/town requested:	Nice region (not in Nice)
Requirements:	Quiet area, spacious for children to play, full board, family room.

Name:	M. and Mme Jaubert
Telephone:	01 68 72 62 15
Place/town requested:	Cannes
Requirements:	Small hotel near beach and shops. Room on ground floor, wife in wheelchair

Name:	Mme Delannay
Telephone:	03 20 38 49 56
Place/town requested:	Mountain region
Requirements:	Comfortable hotel with air-conditioning, swimming pool and restaurant. Likes fish and provençale cuisine.

C 1 **d**, 2 **a**, 3 **e**, 4 **b**, 5 **f**, 6 **c**.

D Bonjour, je cherche un hôtel près de Monaco mais pas à Monaco même. Je voudrais un hôtel confortable avec piscine et beaucoup d'espace pour que les enfants puissent jouer. J'aimerais visiter la région et j'ai donc besoin de renseignements sur la région. Je préfère la demi-pension parce que j'aimerais aller dans différents restaurants et goûter les spécialités provençales. Pouvez-vous me rappeler. Je m'appelle … et mon numéro de téléphone est le … .

3 Cet hôtel a l'air sympa!

A étang, le jardin d'hiver, à 5 km de Saint Omer, baldaquin, (se) détendre, chambres, les affaires, siècle, hébergement, chambres familiales.

B compris, prix, séjour, lendemain, simple, nuit, gratuite.

C 1 160 euros. 2 No, breakfast is 12 euros per person. 3 Double/twin room + breakfast + bottle of champagne + aperitif + gourmet dinner + lunch the following day. 4 50 euros. 5 Free. 6 Leave his credit card details.

D 1 Je voudrais réserver une chambre double. 2 C'est combien une chambre simple? 3 Le petit déjeuner est compris? 4 Il y a une piscine? 5 La troisième nuit est gratuite. 6 Je peux confirmer ma réservation par fax?

E You: Bonjour, je voudrais réserver une chambre s'il vous plaît. …
You: Pour vendredi 27 juin. …
You: Pour deux nuits seulement. …
You: Non, pour deux personnes. Je voudrais une chambre double avec salle de bains privée. …
You: Parfait, alors avec petit déjeuner pour les deux jours. …
You: Bien sûr! Mon nom est…

4 Les adjectifs

A le vin – rouge; la plante – verte; les spécialités – italiennes; des films – français; un hôtel – confortable; un poisson – rouge; des devoirs – difficiles; un homme – heureux.

B 1 C'est un hôtel **spacieux** et **confortable**. 2 C'est une **petite** chambre **moderne**. 3 Il y a un **beau** parc fleuri. 4 Il y a un restaurant **chinois** près d'ici? 5 Je n'aime pas l'eau **plate**, je préfère l'eau **gazeuse**. 6 J'adore les **vieilles** maisons **romaines**.

C véritable studio; **grand** lit; ligne **téléphonique directe;** réveil **automatique**; matières **chaleureuses**; couleurs **gaies**; éclairage **modulable; grandes** serviettes.

D bed, sofa bed, phone line, socket, air-conditioning, washbasin, bath, shower, taps, lighting, hair dryer, towel.

5 Ça ne m'impressionne pas!

A a 3, **b** 5, **c** 2, **d** 4, **e** 1.

B Version **a.**

C 2 The hotel is too noisy. 3 The food was awful. 5 The room was stuffy.

D 1 Il n'y a pas de douche dans la salle de bains. 2 Le robinet fuit. 3 Il fait froid dans la chambre. Le chauffage/le radiateur ne marche pas. 4 Les gens dans la chambre à côté/voisine font beaucoup de bruit. 5 Je ne peux pas ouvrir la fenêtre, elle est coincée.

E *Model answer :*

Madame, Monsieur,

Je voudrais vous faire part de quelques commentaires sur la qualité des prestations offertes dans votre hôtel. Ma chambre est trop petite et il n'y a pas de vue sur le lac.

La nuit, il y a beaucoup/trop de bruit à cause de la boîte de nuit en bas. Au restaurant, les plats sont toujours froids. Je vous serai reconnaissant(e) de bien vouloir me donner une autre chambre et de vérifier la qualité du service au restaurant.

Veuillez agréer, madame, monsieur, l'expression de mes sentiments distingués.

La Francophonie

A 1 Madagascar is situated 700 km west of La Réunion. 2 Distance between Paris and La Réunion as the crow flies. 3 The 'cold' season between May and November. 4 This island loomed up/appeared from the sea 3 million years ago. 5 La Réunion has 30 km of beaches. 6 Reflecting diversity of La Réunion's population, coming from all over the world (here from Africa, Madagascar and China).

B coat hangers (cintres), bath towels (linge de bains), cutlery and plates (assiettes et couverts), bottle opener (limonadier), can opener (ouvre-boîtes), hair-dryer (sèche-cheveux).

Looking forward

J'ai mal à la tête. Je me sens fatigué(e). J'ai des courbatures.

UNIT 9

1 Vous vous souvenez?

A 1 Je cherche un hôtel à la **montagne**, je n'aime pas la mer. 2 Je voudrais **réserver** une chambre double, s'il vous plaît. 3 Je suis dans une chaise roulante. Est-ce que vous avez des chambres pour **handicapés** ? 4 L'ampoule de la salle de bains a **grillé**. 5 Il fait froid dans la chambre, le chauffage ne **marche** pas. 6 Veuillez **agréer**, monsieur, l'expression de mes **sentiments** distingués.

B 1 Il a un gros chien noir. 2 J'ai une petite maison à la campagne. 3 Ils ont une cuisine moderne et spacieuse. 4 C'est un beau vase bleu. 5 Je préfère le pain blanc.

2 A votre santé!

A 1 sport/physical activities. 2 your eating habits. 3 weight. 4 smoking. 5 stress. 6 medicines. 7 alcohol. 8 visit your doctor.

B 1 **a** cœur, **c** poumons, **d** muscles, **e** os. 2 **a** la marche, **b** la natation, **d** des étirements, **f** la musculation.

C préserver, perdre, améliorer, diminuer, prévenir, résistants, monter, porter, faire, remercie.

D Je vais faire plus d'exercices physiques parce que je suis trop gros(se) et je veux perdre du poids. / Je voudrais perdre du poids parce que je mange trop et je ne fais jamais d'exercices. / Je vais arrêter de fumer parce que je fume trop et c'est trop cher. / Je vais réduire mon stress parce que je travaille trop et je veux/vais sortir avec mes amis plus souvent. / Je vais boire moins parce que je sors trop et je ne devrais pas boire plus de 2 unités par jour. / Je vais changer mes habitudes alimentaires parce que je cuisine seulement des pâtes et j'ai besoin de manger plus de légumes verts.

3 Un rendez-vous chez le dentiste

A 1 a, **2** b, **3** b, **4** a, **5** c.

B

Secrétaire: Cabinet dentaire, bonjour.

Annie: Bonjour, je voudrais prendre rendez-vous avec le Dr Démory, s'il vous plaît.

Sec: Oui, pour quel jour, madame?

Annie: Demain après-midi?

Sec: Malheureusement, demain ça sera difficile … par contre jeudi matin, le docteur peut vous prendre à 10h00.

Annie: Oui, c'est bien, ce n'est pas urgent de toute façon, c'est juste pour un contrôle.

Sec: Votre nom, madame?

Annie: Mme Boutin, Annie.

Sec: Donc, jeudi 10h00, madame.

Annie: Merci, au revoir.

C Vous : Bonjour, je voudrais prendre rendez-vous avec le Dr Philippe, s'il vous plaît. …

Vous: Aujourd'hui si possible, j'ai mal aux dents. C'est très douloureux. ...**Vous:** Et demain matin? ... **Vous:** Oui, parfait. Est-ce que je dois apporter mon formulaire E111? ... **Vous:** Monsieur X/Madame Y. ... **Vous:** Merci et à demain.

D Annie téléphone au dentiste car elle voudrait changer son rendez-vous. Elle voudrait en prendre un autre **la semaine prochaine** parce qu'elle **a une réunion à Londres** ce jeudi. Son nouveau rendez-vous avec Dr Démory est à **10h00**.

E 1 **g**, 2 **b**, 3 **e**, 4 **c**, 5 **f**, 6 **a**, 7 **d**.

4 J'ai une fièvre de cheval

A 1 **e**, 2 **b**, 3 **g**, 4 **a**, 5 **h**, 6 **c**, 7 **f**, 8 **i**, 9 **d**.

B 1 Aches everywhere: head, arms, legs and she's feeling tired. Throat's a little sore too. 2 Blood pressure is a bit low. 3 One tablet. 4 Two in the morning, two at lunchtime and two in the evening. 5 20 euros.

C a 4, **b** 1, **c** 6, **d** 7, **e** 2, **f** 5, **g** 3.

D 1 Je ne me sens pas bien. 2 J'ai très mal à l'estomac. 3 Vous avez quelque chose pour le nez bouché? 4 Je voudrais du sirop pour une toux sèche. 5 Vous avez une crème pour les verrues?

5 Je me sens déjà mieux

A a 4 (headache/tablets), **b** 2 (woman with sore throat/syrup), **c** 5 (insect bites/cream), **d** 1 (stomach ache/capsules), **e** 3 (man with sore throat/lozenges).

B 1 Faux (one tablespoon in the morning and one in the evening). 2 Vrai. 3 Faux (take one lozenge every 3 hours. Do not exceed 5 per day.) 4 Faux (take one capsule with lots of water). 5 Vrai.

C mouthwash, condoms, wasps, cotton buds.

D 1 Scissors with rounded ends.
2 Arnica is for bruises. 3 Biafine is
for burns. 4 Cream for sunburn and
spray for insect bites.

La Francophonie

A 1 80 volcanic islands and
submerged volcanoes. 2 120
different languages. 3 Vanuatu is
situated 2172 km north-east of
Sydney. 4 Vanuatu is situated 5750
km south-west of Honolulu.

B 1 3.5 hours. 2 There are 9 active
volcanoes. 3 Capital city. 4 English,
French and Bichelamar.

C 1 Take a preventive treatment
against malaria. 2 Because the
preventive treatment for malaria
makes the skin more sensitive to the
sun. 3 GP, dentist and
physiotherapist. 4 They will be
transported to New Caledonia, New
Zealand or Australia. 5 AIDS.

Looking forward

Rez-de-chaussée	1er étage
salon	chambre
cuisine	bureau
cellier	salle de bains
entrée	
WC	WC
bureau	
salle de bains	
salle à manger	

UNIT 10
1 Vous vous souvenez?

A head – la tête, eyes – les yeux,
ear – l'oreille, nose – le nez, mouth
– la bouche, throat/neck – la
gorge/le cou, back – le dos, arm – le
bras, hand – la main, stomach –
l'estomac, legs – les jambes, foot –
le pied.

B You: Bonjour monsieur/madame.
… **You:** Je voudrais quelque chose

pour le rhume et le mal de gorge, s'il vous plaît. ... **You:** Je préfère quelque chose de plus fort comme des comprimés. ... **You:** Non, mais j'ai froid. ... **You:** Je dois prendre combien de comprimés? ... **You:** Très bien. C'est combien, s'il vous plaît?

2 A la maison

A 1 *Not mentioned:* white, violet, black, pink. 2 *Not mentioned:* bathroom, entrance hall.

B 1 orange – helps digestion/security/comfort – dining room. 2 red – warmth – kitchen.
3 green – space/relaxation – bedroom. 4 blue – calm/space/relaxation/good for meditation – lounge. 5 brown – stability. 6 yellow – stimulates brain – study/office.

C 1 les annonces/ventes. 2 travaux. 3 locations. 4 ventes de prestige. 5 déménager.

D 1 House in Lille close to **Underground** station. Double glazing, shutters, **small** yard at the **front** of the house. Two bedrooms. 2 House in Douai with lounge, kitchen, two bedrooms, **attic** and garden. Needs decorating. 3 House in Tourtour. Wooded area. Stone house with fitted kitchen, lounge, fireplace in **lounge**, three toilets, bathroom. **One** bedroom upstairs. Swimming pool **in basement**.

E campagne, rez-de-chaussée, salle à manger, équipée, bureau, salle de bains, cabinet de toilette, étage, chambre à coucher, dehors, terrasse.

3 J'ai besoin d'un nouveau jean

A **a** 5, **b** 6, **c** 4, **d** 3, **e** 2, **f** 1.

B 1 manches longues / col / tour de poitrine. 2 rayé / poche / veste. 3 très tendance / boutons / chemise. 4 robe / coloris. 5 dentelle / jupon (or jupe). 6 laine / longueur.

C taille; cabines d'essayage; au fond; serré; chemise; celui-là; kaki; essayer; caisse.

D 1 J'aime bien **ces** costumes. **Lequel** préférez-vous? Je préfère **celui-ci/celui-là**. 2 J'aime beaucoup **cette** cravate. Oh non, moi, je préfère **celle-ci/celle-là**. 3 J'aime bien **ces** chaussures. **Lesquelles** préférez-vous? Je préfère **celles-ci/celles-là**. 4 Regarde **ce** jean, il est génial! Il n'est pas mal, mais je préfère **celui-ci/celui-là**. 5 **Cette** jupe est très jolie, non? Bof, je préfère **celle-ci/celle-là**. 6 Oh, regardez **ces** chapeaux! **Lequel** préférez-vous?J'adore **celui-ci/celui-là**.

4 J'ai passé un excellent week-end
A 1 **b**, 2 **a**, 3 **d**, 4 **e**, 5 **c**, 6 **f**.

B *Examples of answers:* J'ai commencé à 9h00. Nous sommes allés au théâtre. Vous êtes né(e) le 27 décembre. Nous avons lu le journal. J'ai été malade. Vous avez fait le ménage. J'ai eu un problème avec ma voiture. Vous avez pris rendez-vous avec le dentiste.

C Pictures 4,1,6,5,3,2.

D Annie **a passé** un bon week-end. Son mari et elle **sont allés** chez des amis pour un barbecue. Ils **ont mangé**, ils **ont bu** et ils **ont dansé**. Le lendemain, ils **ont eu** mal à la tête. Samedi après-midi, elle **a fait** du shopping, Daniel **a rangé** la chambre des enfants. Le soir, toute la famille **est restée** à la maison. Dimanche, Annie, Daniel et les enfants **sont allés** à la plage. Ils **ont joué** au football et au badminton. Annie **a pris** un coup de soleil.

La Francophonie

A 1 Nature, history and culture (forests, sea, mountains, caves, ancient remains, festivals etc.). 2 Seaside resort, a wonder of nature with thousands of rocks and magnificent caves. 3 Waterfalls,

lakes, flower valleys and pastures.
4 Persimmons, plums, apples, pears
and peaches. 5 The remains of the
former capital Hué were recognised
by UNESCO as cultural world
heritage site.

B tunique (tunic), pantalon(s)
(trousers), chapeaux (hats), jupes
(skirts). *Also*: bijoux (jewellery),
bracelets (bracelets), boucles
d'oreilles (earrings), colliers
(necklaces).

C 1 Faux (fine silk). 2 Faux (still
very prized). 3 Vrai. 4 Vrai. 5 Faux
(they have flower and animal
patterns). 6 Faux (they wear
bracelets, earrings and necklaces).

RECORDING TRANSCRIPTS

A number of additional items from the coursebook have been included in the recordings, to provide extra listening and pronunciation practice for students. These items are marked in the Student Book with listening icons.

Where reading passages have been recorded, these can be heard twice. The first time the passage is spoken at a slower speed, the second time at normal speed, giving students the chance to hear how natural spoken French actually sounds.

UNIT 1

1 On commence?

A

Interviewer: Bonjour monsieur, quel est votre nom?

Richard: Je m'appelle Richard Monier.

Interviewer: Où habitez-vous?

Richard: Pardon?

Interviewer: Quelle est votre adresse?

Richard: Ah, j'habite rue du marché à Nice.

Interviewer: Merci, et quelle est votre profession?

Richard: Je suis ingénieur.

D

Pierre: Bonsoir, je m'appelle Pierre Jacques. Mon nom est Jacques et mon prénom est Pierre.

Laure: Je m'appelle Laure Boisin.

Pierre: Enchanté.

Laure: Enchantée.

3 Qui suis-je?

B

1 Bonjour, je m'appelle Paul. J'habite à Bruxelles. Je suis anglais, je suis de Londres et j'ai 20 ans. Je suis célibataire.

2 Bonjour, je m'appelle Justine. Je suis professeur de mathématiques. Je suis née à Montréal mais j'habite en France et je suis divorcée.

3 Bonjour, je m'appelle Jamal. J'habite dans le sud-ouest de la France. J'ai quatre enfants et je suis garagiste.

4 Bonjour, je m'appelle Nathalie, j'ai 32 ans. Je suis de Genève, je suis mariée et j'ai deux enfants.

F a – dix-huit **b** – vingt-quatre **c** – soixante-six **d** – quarante **e** – treize **f** – quarante-et-un **g** – cinquante **h** – cinquante **i** – douze **j** – seize **k** – quarante **l** – soixante-huit euros **m** – treize euros **n** – trente-et-un euros **o** – trente-six euros.

4 Et vous?

A

Justine habite en France. – Justine habite en France ? / Est-ce que Justine habite en France ? – Oui, elle habite à Paris.

Jamal a 4 enfants. – Jamal a 4 enfants ? / Est-ce que Jamal a 4 enfants ? – Non, il a 2 enfants.

Nathalie est mariée. – Nathalie est mariée? / Est-ce que Nathalie est mariée ? – Non, elle est divorcée.

Elle a 32 ans. – Elle a 32 ans? / Est-ce qu'elle a 32 ans ? – Non, 34.

Il est de Londres. – Il est de Londres? / Est-ce qu'il est de Londres ? – Oui, de Greenwich.

C

1 Bonjour, je suis M. Philippe Lambert. J'habite à Lyon. Je suis décorateur, et je suis divorcé et j'ai 41 ans.

2 Bonsoir, je suis M. Ablond Julien. J'ai 33 ans. Je suis technicien, je suis marié et j'ai deux enfants. J'habite à Calais.

3 Salut, je m'appelle Amandine Dupont. J'ai 18 ans, je suis étudiante à Cannes, mais j'habite à Nice. Je suis célibataire.

5 Alphabet

A F L M N S Z   B C D P T V W
G J   H K Q R X Y   A E I O U

UNIT 2
2 Quoi de neuf?

B Marianne Blanchard – Yves Morel

MB: Monsieur Morel, bonjour!

YM: Ah, Mademoiselle Pichon, comment allez-vous?

MB: Ah non, c'est Madame! Je suis mariée, en fait, je suis Madame Blanchard maintenant.

YM: Toutes mes félicitations!

MB: Je vous remercie. Et vous, comment allez-vous?

YM: Très bien, merci. Qu'est-ce que vous faites maintenant, vous travaillez toujours pour Vélomax ?

MB: Non, je travaille dans une entreprise familiale, je suis comptable. C'est une petite compagnie, avec seulement dix employés. Et vous, où travaillez-vous?

YM: Et bien moi, je travaille pour Brodama. C'est une grande compagnie hollandaise qui a plusieurs établissements en Europe: France, Allemagne, Belgique, Portugal et aussi en Pologne, je crois.

MB: Et qu'est-ce que vous faites exactement?

YM: Je suis chef de production. C'est très intéressant.

6 Compagnie internationale
A

Interviewer: Monsieur Garaud, bonjour et merci de me recevoir dans votre bureau. Je sais que vous êtes très occupé. Pourriez-vous vous présenter et me parler de votre compagnie?

Daniel: Bien sûr. Alors je suis

Directeur Général d'une chaîne de supermarchés et d'hypermarchés. En effet, nous sommes maintenant implantés dans 25 pays dans le monde: en Europe principalement, mais aussi en Amérique du Nord. Comme je vous l'ai dit, nous avons des supermarchés et des hypermarchés, mais aussi des petits magasins. En tout, il y a 28 hypermarchés, nous avons 55 supermarchés en France, 31 en Allemagne, huit en Belgique, 19 en Espagne et au Portugal et depuis novembre, nous avons des petits magasins en République Tchèque et en Pologne.

Interviewer: Et vous employez combien de personnes?

Daniel: C'est très difficile à dire, car ça dépend de la situation géographique des magasins. Par exemple, au Canada, notre hypermarché à Québec-City emploie 89 personnes plein temps, celui de Boston aux Etats-Unis emploie 72 personnes plein temps. En France, notre hyper à Valenciennes emploie je crois 94 personnes et celui de Rouen, 75. Vous voyez, ça varie assez d'un magasin à l'autre…

8 Encore des questions?

A

1 a Quel est votre nom? **b** Ça s'écrit comment? **c** Quelle est votre profession? **d** Où travaillez-vous? **e** Quel est votre numéro de téléphone?

2 a Comment s'appelle votre compagnie? **b** Quel est votre prénom? **c** Quelle est votre profession? **d** Vous travaillez en France? **e** Quelle est votre adresse email?

B

DIALOGUE 1

Sandrine: Bonjour monsieur, quelle est votre profession?

Homme: Je suis étudiant.

Sandrine: Et qu'est-ce que vous étudiez?

Homme: J'étudie l'histoire de France à l'Université de Lille.

Sandrine: Vous allez à l'université tous les jours?

Homme: Oh non, seulement lundi, mercredi et vendredi.

DIALOGUE 2

Sandrine: Bonjour madame, qu'est-ce que vous faites dans la vie?

Femme: Je suis infirmière.

Sandrine: Et vous commencez à quelle heure en général?

Femme: En général à 7h00, et je finis vers 15h00.

Sandrine: Qu'est-ce que vous faites le soir normalement?

Femme: Et bien, ça dépend. Je m'occupe de mes enfants, mais quelquefois, je vais au cinéma avec des amis ou au restaurant. Je ne travaille pas le jeudi et le samedi, alors je fais le ménage, les courses…

Sandrine: Et le week-end?

Femme: Le week-end? C'est difficile parce que je travaille le dimanche à 11h00, c'est donc mon mari qui va

régulièrement à la piscine ou au parc avec les enfants.

UNIT 3
3 En route pour le shopping!

D Outside the hypermarket, Marianne is asking people what they are going to buy.

DIALOGUE 1

Marianne: Bonjour madame, vous allez faire vos courses chez Pribas. Qu'avez-vous l'intention d'acheter?

Femme: Eh bien, il me faut un rôti de bœuf, un litre d'huile, du jambon et des carottes.

Marianne: Un rôti de bœuf, de l'huile, du jambon et des carottes.

Femme: Oui, c'est ça … ah oui, il me faut du vin rouge aussi.

DIALOGUE 2

Marianne: Pardon monsieur, est-ce que je peux vous demander ce que vous avez l'intention d'acheter?

Homme: Mais bien sûr. Alors, de la bière, du pain, 3 kg de pommes, un concombre et du shampooing.

DIALOGUE 3

Marianne: S'il vous plaît, madame, je peux vous demander ce que vous avez l'intention d'acheter?

Femme: Alors, il me faut du café, des frites surgelées, de la margarine, une tarte au citron, un poulet rôti et des serviettes en papier.

4 On prend un verre?

B

Daniel: Monsieur, s'il vous plaît!

Serveur: Messieurs-dame, bonsoir. Vous désirez?

Annie: Pour moi, un grand Diabolo menthe; je meurs de soif!

Serveur: Avec des glaçons?

Annie: Oui, s'il vous plaît! Et vous Nordine, qu'est-ce que vous prenez?

Nordine: Moi, je prends un crème.

Franz: Et pour moi, un jus de tomate, s'il vous plaît!

Serveur: Et pour monsieur?

Daniel: Je voudrais une bière, s'il vous plaît; oh non, je préfère un verre de vin rouge.

Serveur: Merci messieurs-dame…

Later…

Daniel: Monsieur, s'il vous plaît, l'addition!

Serveur: Alors, ça fait 12,50€, monsieur.

Daniel: Pardon, c'est combien?

Serveur: 12,50€.

Daniel: Voilà.

Serveur: Je vous remercie. Au revoir messieurs-dame.

5 Les quantités

C

Jérome: Pour faire 12 biscuits sablés, c'est très facile. Il faut: 240 g de farine, 120 g de sucre, 120 g de beurre, 4 jaunes d'œufs, 80 g de sucre glace, 300 g de confiture de framboises, une pincée de sel.

UNIT 4
3 Mon temps libre
A
INTERVIEW 1

Juliette: Pardon madame, pouvez-vous me dire ce que vous faites quand vous avez du temps libre, s'il vous plaît?

Femme: Ouh, quand j'ai du temps libre, quand je ne travaille pas, et bien je m'occupe de la maison car j'ai trois enfants et croyez-moi, il y a du travail… Alors, je fais le ménage, et j'ai horreur de faire le ménage. Et le week-end, et bien, nous allons à la piscine le samedi matin, ma fille fait de la danse, et c'est en général mon mari qui la conduit. Nous allons quelquefois au cinéma et ensuite nous allons au MacDo; les enfants adorent ça!

INTERVIEW 2

Juliette: Pardon monsieur, qu'est-ce que vous faites en général quand vous avez du temps libre?

Homme: Et bien, je suis plutôt sportif: je fais du football, de la musculation et depuis quelques mois, je fais du curling.

Juliette: Du curling? Qu'est-ce que c'est?

Homme: Le curling? C'est comme la pétanque, mais sur glace. Je vais à la patinoire une fois par semaine, le samedi matin et j'aime beaucoup ce sport.

INTERVIEW 3

Juliette: Pardon monsieur, qu'est-ce que vous faites quand vous ne travaillez pas?

Homme: Je reste à la maison. J'ai deux enfants et j'aime rester avec eux. Alors je joue avec eux, nous regardons la télévision … mais j'aide aussi ma femme dans les tâches ménagères parce qu'elle travaille aussi. Je suis aussi musicien et je joue de la guitare et de la batterie. Ma femme n'aime pas quand je m'exerce à la batterie, je ne sais pas pourquoi…

4 A la maison

B

Juliette: Excusez-moi, monsieur, vous êtes marié?

Homme: Oui, ma femme est là-bas, elle gare la voiture.

Juliette: Alors pouvez-vous me dire qui fait le ménage à la maison?

Homme: C'est moi! Je fais la cuisine et je fais la vaisselle tous les soirs. Et puis dans la journée, je fais le lit, je fais la lessive, je passe l'aspirateur une fois par semaine et je fais le repassage aussi.

Juliette: Mais votre femme a beaucoup de chance. Tiens, la voilà! Bonjour madame, mais quelle chance d'avoir un mari qui vous aide dans les tâches ménagères!

Femme: Comment? Un mari qui m'aide? J'aimerais bien! Il ne fait rien à la maison! Moi, je travaille, et quand je rentre, je fais la cuisine, la lessive, le repassage, je fais les poussières et je fais aussi les courses. Un mari qui m'aide?

Homme: Mais ma puce, ne t'énerve pas, je fais la vaisselle quelquefois.

Femme: Quelquefois? Une fois par an, pour mon anniversaire! Allez, on rentre à la maison et je ne suis pas ta puce!

5 Ma famille

1 Nelly: Oh regarde cette photo, c'était aux noces d'or de mes grands-parents. Cinquante ans de mariage, c'est dingue, non? C'est la photo qui est parue dans le journal. Alors, voilà mon grand-père et ma grand-mère – ils ont 70 ans tous les deux – et voilà mes parents, mon oncle Jacques, le frère de mon père et sa femme. Ils habitent au Canada, près de Montréal.

2 Pascale: J'adore cette photo; ici, c'est ma mère avec ma tante Jocelyne, sa sœur. On était en vacances à Nice. Et là, ce sont mes deux cousins, Blandine et Philippe.

3 Thierry: Sur cette photo, il y a mon fils Julien ici, et là, ce sont ses cousins, ma nièce Anaïs qui a 16 ans je crois, et mon neveu Mathieu qui a 18 ans comme Julien. Ils s'entendent très bien, ils sortent toujours ensemble.

4 Aïsha: Je trouve cette photo de famille magnifique! Alors là, c'est mon grand-père, il a l'air très fier de sa famille. Ici, c'est papa, maman assise, mes deux frères, Kalid à droite et Shakir à gauche, et moi là.

UNIT 5

3 Tu viens prendre l'apéro?

A Annie téléphone à son amie Pascale.

Pascale: Allô!

Annie: Allô, Pascale? Bonjour, c'est Annie.

Pascale: Ah, Annie, comment ça va?

Annie: Ben, ça va! Ecoute, je t'appelle pour savoir si tu peux venir prendre l'apéritif samedi soir avec Philippe.

Pascale: Samedi? Non, Annie, je ne peux pas. Je vais chez ma belle-mère, c'est son anniversaire.

Annie: Ah! C'est dommage; et dimanche?

Pascale: Dimanche, oui, ça va, je veux bien. A quelle heure?

Annie: Vous pouvez venir pour midi. Et vous voulez manger avec nous?

Pascale: Non, Annie, c'est très gentil mais je dois finir mon projet pour lundi.

Annie: Tu es sûre? Je fais un couscous…

Pascale: Et j'adore le couscous. Ecoute, d'accord … mais on ne restera pas tard.

Annie: Pas de problème. A dimanche alors!

Pascale: Merci Annie, à dimanche!

4 Tu veux manger au resto?
C

Serveur: Bonsoir, monsieur-dame.

Daniel: Bonsoir.

Serveur: Voici la carte, madame, monsieur…

Annie et Daniel: Merci.

Serveur: Vous désirez un apéritif?

Daniel: Oui, qu'est-ce que tu veux, Annie?

Annie: Pour moi, un kir, s'il vous plaît ...

Daniel: ... et un whisky.

Later...

Serveur: Vous avez choisi, monsieur-dame?

Annie: Qu'est-ce que c'est 'provolone'?

Serveur: C'est un fromage italien, c'est délicieux.

Annie: Je n'aime pas beaucoup le fromage. Je vais prendre le carpaccio comme entrée.

Daniel: Et moi, la salade de chèvre.

Serveur: Très bien, et comme plat principal?

Annie: Je voudrais les tortiglioni à la vodka, aux champignons et au jambon ...

Daniel: ... et pour moi, la côte de bœuf grillée, s'il vous plaît.

Serveur: Quelle cuisson, monsieur? Saignante, à point, bien cuite?

Daniel: Euh, attendez... non, je vais prendre les spaghetti à l'ail, au basilic et à la crème.

Serveur: Très bien, merci.

Later...

Serveur: Vous désirez un dessert?

Annie: Non, pas pour moi, merci. Je suis au régime et j'ai déjà beaucoup mangé!

Daniel: Et bien moi, je vais prendre une glace. Qu'est-ce que vous avez comme parfums?

Serveur: Alors, chocolat, vanille, pralines, rhum-raisin et nous avons aussi un sorbet aux fruits rouges.

Daniel: Au chocolat, s'il vous plaît.

Annie: Tout compte fait, je vais prendre un tiramisu.

Daniel: Et ton régime, alors?

Annie: Oh, je commence demain!

6 Quelle soirée!

A

Blanca: J'ai faim! Mais qu'est-ce qu'ils font? Ça fait une heure qu'on attend! Le service est lent, oh là là ...

Thierry: Ah, voilà la serveuse.

Serveuse: Le steak à point, c'est pour ...?

Thierry: Pour moi, merci.

Serveuse: Et la sole pour madame, voilà!

Blanca: Merci.

Serveuse: Et les légumes... Bon appétit!

Blanca: (*smelling her food*) Mmmm, ça sent bon... Oh, quelle horreur!

Thierry: Quoi?

Blanca: Il y a un cheveu sur mon poisson, regarde!

Thierry: Oh là là! Et regarde mon steak, il est trop cuit... (*to the waitress*) Mademoiselle, s'il vous plaît!

Serveuse: Monsieur?

Thierry: Mademoiselle, il y a un cheveu dans l'assiette de ma femme et mon steak est trop cuit. J'ai commandé un steak saignant!

Serveuse: Je suis désolée, je vais renvoyer vos plats en cuisine.

Blanca: Et voilà, on va encore attendre une heure, et moi, je meurs de faim!

UNIT 6
3 Il y a un distributeur de billets près d'ici?
A
DIALOGUE 1

Passant 1: Pardon, monsieur, il y a un distributeur de billets près d'ici?

Passant 2: Oui, je crois qu'il y en a un en face du cinéma là-bas.

Passant 1: Je vous remercie.

DIALOGUE 2

Passante 1: Excusez-moi madame, où est la gare s'il vous plaît?

Passante 2: Alors, la gare... Vous êtes en voiture?

Passante 1: Non, non, je suis à pied.

Passante 2: Bon alors, c'est juste à cinq minutes. C'est à côté de la station de métro, au bout de la rue.

Passante 1: Merci madame.

DIALOGUE 3

Passant 1: S'il vous plaît, monsieur, savez-vous où est le syndicat d'initiative?

Passant 2: Désolé, je ne sais pas. Je ne suis pas d'ici, je ne connais pas Lille.

Passant 1: D'accord, merci.

DIALOGUE 4

Passante 1: Pardon, monsieur, je cherche le théâtre Mogador.

Passant 2: C'est sur la Place Victor Hugo.

Passante 1: Et c'est loin?

Passant 2: Oh pas du tout, c'est

entre la poste et le cinéma … là, à deux minutes en voiture.

Passante 1: Et il y a un parking?

Passant 2: Oui, juste derrière la poste.

Passante 1: Je vous remercie, monsieur.

Passant 2: Je vous en prie.

C

1 Le supermarché est à côté de la banque.

2 La bibliothèque est en face du théâtre.

3 La station-service est entre la piscine et la poste.

4 L'hôtel de ville est près de l'église.

5 Le parking est derrière le cinéma.

6 La pharmacie est à côté du musée.

4 Pour aller au stade, s'il vous plaît?

C

1 Prenez la quatrième à droite, et c'est tout droit.

2 Tournez ici à gauche, puis tournez à droite, continuez tout droit, et c'est sur votre droite.

3 Allez tout droit, prenez la troisième rue à gauche, descendez la rue et c'est sur votre gauche au carrefour.

4 Allez tout droit, prenez la deuxième à droite, ensuite tournez à droite et après à gauche, c'est sur votre droite.

5 Quel temps de chien!

B

Bonjour, voici le temps en France aujourd'hui.

Dans le nord du pays, dans la région de Lille, il y a du brouillard – attention sur les routes. La température est de 12 degrés.

En Bretagne, le temps est pluvieux avec des températures n'excédant pas 10 degrés.

A Paris et dans l'Est de la France, le temps est couvert et il fait 14 degrés.

Il fait beau à Lyon mais il neige dans les Alpes au dessus de 2500 m.

Sur les côtes méditerranéennes, il fait du soleil mais attention aux orages ce soir.

Dans les Pyrénées, il fait beaucoup de vent et il fait froid, seulement 7 degrés en altitude.

En Corse, c'est un temps nuageux avec quelques pluies dans la matinée.

Bonne journée à tous et à demain.

UNIT 7
2 On y va comment?

B

1 Leila: Pardon monsieur, vous allez en vacances cet été?

Homme: Oui, comme chaque année, ma femme et moi allons dans le sud de la France, à Perpignan exactement.

Leila: Pour combien de temps?

Homme: Pour trois semaines.

Leila: Et comment y allez-vous?

Homme: En voiture.

2 Leila: Pardon madame, où allez-vous en vacances cet été?

Femme: Ah, cette année je pars au Canada: Montréal et Québec.

Leila: Et comment y allez-vous?

Femme: Et bien, j'y vais en avion de Paris, et là-bas, je vais louer une voiture.

Leila: Vous allez y rester combien de temps?

Femme: Je pars pour deux semaines.

3 Leila: Pardon madame, est-ce que vous allez en vacances cette année?

Femme: Oui, bien sûr. Je pars en septembre en Ecosse.

Leila: Et comment y allez-vous?

Femme: J'y vais en voiture. Je prends le ferry de Calais à Douvres, et puis je traverse l'Angleterre. Je vais rester deux jours à Manchester car j'ai des amis là-bas, et ensuite je continue jusqu'à Edimbourg.

Leila: Vous allez y rester longtemps?

Femme: Quinze jours.

4 Leila: Monsieur, s'il vous plaît! Vous allez en vacances cette année?

Homme: Oui, des vacances sportives! Je pars avec des amis faire le tour de la Bretagne à vélo.

Leila: Et vous partez pour combien de temps?

Homme: Pour deux ou trois semaines, nous verrons… Nous allons faire du camping, ça dépendra du temps…

5 Leila: Pardon, monsieur-dame, vous allez en vacances cet été?

Femme: Oui, nous partons en Tunisie pour un mois, en voyage organisé.

Leila: Et vous y allez comment?

Homme: Et bien, on part en avion de Paris et là-bas, on va voyager en car … et en chameau peut-être (*laughs*)!

3 Je vais réserver le ferry par Internet

C

Il est huit heures.

Le train est à cinq heures et demi du matin.

Il est trois heures moins vingt.

Je finis mon travail l'après-midi à cinq heures et demi.

Il est minuit moins cinq: je vais me coucher.

Il est trois heures quarante-cinq.

Il est treize heures quarante-cinq.

La pause-déjeuner est à midi et quart.

4 A la gare

A

Homme: Madame, bonjour…

Isabelle: Bonjour. Je dois aller à Amsterdam la semaine prochaine au départ de Bruxelles-Midi. Vous pouvez me donner les horaires et les prix, s'il vous plaît?

Homme: Bien sûr. Vous voulez partir quel jour exactement?

Isabelle: Mardi le 23.

Homme: Vous désirez partir le matin ou l'après-midi?

Isabelle: L'après-midi; je dois être à Amsterdam pour 18h00.

Homme: Très bien, alors vous avez un train à 14h28 qui arrive à Amsterdam à 17h07, ou alors il y en a un autre qui part à 15h30 et qui arrive à 18h15.

Isabelle: D'accord, je vais prendre le premier. Je peux réserver mon billet maintenant?

Homme: Oui … alors, mardi 23, départ 14h28, arrivée 17h07. C'est pour combien de personnes, madame?

Isabelle: Juste une.

Homme: Première classe, madame?

Isabelle: Non, seconde et non-fumeur, s'il vous plaît.

Homme: Tous nos services sont non-fumeurs… et c'est un aller simple?

Isabelle: Aller-retour, s'il vous plaît, le retour pour le jeudi suivant, le 25. A quelle heure est le premier train pour Bruxelles?

Homme: Il est à 8h56, et vous arrivez à Bruxelles à 11h32.

Isabelle: C'est parfait.

Homme: Voilà, votre réservation est faite: ça fait 117 euros. Vous payez comment?

Isabelle: Par carte de credit.

5 On peut louer une voiture …

A

Claire: Bonjour monsieur, je peux vous aider?

Patrick: Oui, bonjour, je voudrais louer une voiture, s'il vous plaît.

Claire: Oui, pour quand exactement?

Patrick: A partir d'aujourd'hui jusqu'à la semaine prochaine, au 23 exactement, jeudi 23.

Claire: (*typing in*) ... du 16/09 au 23/09 ... d'accord ... et quel type de véhicule désirez-vous?

Patrick: Le plus petit modèle, je voyage seul.

Claire: Très bien, (*typing in*) catégorie A. Alors, le prix pour cette location est de 215,29 euros et il comprend la TVA, le kilométrage limité à 2000 km et la garantie en cas de vol. Le véhicule est une Peugeot 206 verte.

Patrick: C'est bon, je la prends.

Claire: OK, vous avez votre permis de conduire, monsieur?

Patrick: Oui, bien sûr. Le voilà.

Claire: Merci. Alors voilà la liste des différentes options que vous pouvez choisir et qui ne sont pas comprises dans la location et un formulaire d'informations à remplir.

A moment later...

Claire: Merci monsieur. A quelle heure pensez-vous ramener la voiture jeudi prochain?

Patrick: Vers 11h00.

Claire: Parfait, alors voici vos documents et votre clé. Le véhicule se trouve sur le parking de la gare, à l'emplacement 12.

Patrick: Je vous remercie. A bientôt mademoiselle.

Claire: Au revoir, monsieur.

UNIT 8
1 Vous vous souvenez?
B

1 Mesdames, messieurs, en raison du brouillard épais sur Paris, tous les vols sont suspendus jusqu'à une amélioration des conditions météorologiques.

2 Le TGV en provenance de Paris à destination de Bruxelles entre en gare quai numéro 4.

3 Les passagers du vol AF541 à destination de Londres sont priés de se présenter porte numéro 76 pour embarquement immédiat.

4 Attention, attention, le train de 18h12 à destination de Perpignan partira du quai numéro 12.

5 Mesdames, messieurs, nous sommes arrivés à Portsmouth. Les passagers motorisés sont priés de rejoindre leurs véhicules par les escaliers situés à l'arrière du navire.

2 Il faut chercher un hôtel

B

1 Bonjour, je cherche un hôtel dans la région de Nice, mais pas à Nice même car il y a trop de monde. Je voudrais un endroit calme avec beaucoup d'espace pour que les enfants puissent jouer. Nous avons besoin d'une chambre familiale en pension complète. Merci de me rappeler au 03 13 56 51 00. Mme Michaud, M-i-c-h-a-u-d.

2 Bonjour, ma femme et moi désirons visiter votre région et nous cherchons un petit hôtel à Cannes, si possible près de la plage et des magasins. Nous avons besoin d'une chambre au rez-de-chaussée car ma femme est dans une chaise roulante. Pouvez-vous nous rappeler? Bernard et Monique Jaubert au 01 68 72 62 15. Merci.

3 Bonsoir, je suis Martine Delannay et je vous appelle de Lille. Je recherche un hôtel calme dans les montagnes; je n'aime pas la mer. Je cherche un endroit confortable avec climatisation et piscine. Je voudrais aussi un bon restaurant dans cet hôtel car j'aimerais goûter les spécialités de la région. J'adore le poisson et la cuisine provençale. Pouvez-vous me rappeler? Mon numéro est 03 20 38 49 56. Merci.

3 Cet hôtel a l'air sympa!

B

Réceptionniste: Château de Tilques, bonjour!

Ali: Bonjour. Est-ce que vous pouvez me donner le prix de vos chambres, s'il vous plaît?

R: Oui, bien sûr. Alors les chambres simples, doubles ou twin sont à 120 euros par chambre et par nuit, et les chambres de luxe sont à 160 euros.

Ali: Est-ce que le petit déjeuner est compris?

R: Non, le petit déjeuner est à 12 euros par personne.

Ali: D'accord, et est-ce que vous avez des tarifs spéciaux pour le week-end ou…

R: Oui, nous avons en ce moment un tarif « séjour gastronomique » à 148 euros par personne du lundi au jeudi et à 175 euros le week-end. Ce séjour comprend la chambre double ou twin avec petit déjeuner, une bouteille de Champagne dans votre chambre, l'apéritif et le dîner gastronomique et le déjeuner le lendemain. La deuxième nuit est à 50 euros par personne, petit déjeuner non compris. Nous vous offrons la troisième nuit.

Ali: La troisième nuit est gratuite?

R: Tout à fait.

Ali: Très bien, je voudrais réserver votre séjour gastronomique pour trois nuits, s'il vous plaît.

R: Oui … pour combien de personnes, monsieur?

Ali: Deux.

R: Pour quelles dates?

Ali: Alors, du lundi 22 au jeudi 25 juillet.

R: Parfait. Je peux avoir votre nom, s'il vous plaît?

Ali: Oui, alors c'est Monsieur Brabant, Ali.

R: Vous avez une carte bleue ou une carte de crédit pour confirmer votre réservation, Monsieur Brabant?

Ali: Oui, c'est une carte Visa. Alors le numéro est…

UNIT 9
2 A votre santé!
B

Didier: Dr Smal, en quoi est-ce que l'activité physique, le sport peuvent-ils aider à préserver ma santé?

Dr Smal: Et bien tout d'abord, une

activité physique régulière peut vous aider à perde du poids. Elle peut aussi aider à améliorer votre humeur et diminuer l'anxiété. Le sport peut aussi prévenir les maladies du cœur, le diabète, sans oublier les douleurs du dos.

Didier: Mais quelles activités dois-je faire exactement?

Dr Smal: Il y a en fait différentes activités: il y a celles qui vont permettre à votre cœur, vos poumons et votre sang de rester en bonne santé, comme par exemple la marche, la natation, le tennis, mais aussi les travaux dans la maison. Il y a aussi des activités qui aident à détendre, à relaxer les muscles et à garder les articulations mobiles. Il s'agit par exemple du jardinage, des étirements, du golf et du curling. Et enfin, il y a des activités de force, qui vont vous aider à garder les muscles et les os plus résistants, par exemple, monter et descendre les escaliers, porter des sacs plus ou moins lourds, faire de la musculation, etc.

Didier: Dr Smal, je vous remercie pour tous ces conseils.

3 Un rendez-vous chez le dentiste

A réceptionniste au Centre Médical de Valenciennes – Annie – secrétaire du Dr Démory

R: Centre Médical de Valenciennes, bonjour.

Annie: Oui, bonjour, je voudrais le cabinet du Dr Démory, s'il vous plaît.

R: Ne quittez pas… Je suis désolé, madame, la ligne est occupée. Voulez-vous patienter un moment ou rappeler plus tard?

Annie: Je vais attendre…

A moment later…

R: Je vous passe le cabinet du Dr Démory, madame.

Sec: Cabinet dentaire, bonjour.

Annie: Bonjour. Je voudrais prendre rendez-vous avec le Dr Démory, s'il vous plaît.

Sec: Oui, pour quel jour, madame?

Annie: Demain après-midi?

Sec: Malheureusement, demain ça sera difficile … par contre jeudi matin, le docteur peut vous prendre à 10h00.

Annie: Oui, c'est bien. Ce n'est pas urgent de toute façon, c'est juste pour un contrôle.

Sec: Votre nom, madame?

Annie: Mme Boutin, Annie.

Sec: Donc, jeudi 10h00, madame.

Annie: Merci. Au revoir.

D

Sec: Cabinet dentaire, bonjour.

Annie: Oui, bonjour. J'ai un rendez-vous avec le Dr Démory jeudi matin à 10h00. Est-ce que je pourrais l'annuler ou en fait le reporter à la semaine prochaine, s'il vous plaît?

Sec: Bien sûr, madame. Disons jeudi de la semaine prochaine à 10h00?

Annie: Oui, parfait. Je suis vraiment désolée, j'ai une réunion de travail de dernière minute ce jeudi à Londres, et je dois absolument y être.

Sec: Ça ne fait rien, madame. Merci d'avoir appelé.

4 J'ai une fièvre de cheval

A

Dr Lemoine: Bonjour madame, asseyez-vous!

Marie: Bonjour Docteur.

Dr L: Alors, qu'est-ce que je peux faire pour vous?

Marie: Et bien, j'ai mal partout: j'ai mal à la tête, j'ai mal aux bras, aux jambes. Je me sens fatiguée aussi.

Dr L: Et votre gorge?

Marie: Oui, la gorge me fait un peu mal aussi.

Dr L: Vous n'avez pas de fièvre?

Marie: Non, ce sont juste les douleurs partout.

Dr L: Bien, je vais jeter un œil à votre gorge. Ouvrez la bouche… (*checks throat*). Je vais vérifier votre tension: donnez-moi votre bras…

(*checks blood pressure*). Votre tension est un peu basse. Vous avez besoin de repos. Vous travaillez?

Marie: Je travaille dans un bureau en ville.

Dr L: D'accord, je vais vous faire une ordonnance. Prenez un comprimé de vitamine C 1000 par jour, et pour les douleurs, je vais vous prescrire des Efferalgan. Prenez deux comprimés le matin, deux le midi et deux le soir. Mais surtout reposez-vous. Prenez le reste de la semaine, je vais faire une note pour votre employeur.

Marie: D'accord, merci Docteur. Je vous dois combien?

Dr L: 20 euros, s'il vous plaît.

5 Je me sens déjà mieux!
A

Pharmacien: Bonjour monsieur, vous désirez?

Homme: Je voudrais des comprimés pour les maux de tête, s'il vous plaît.

Pharmacien: Voilà. Alors vous en prenez deux quand vous avez mal à la tête, mais n'en prenez pas plus de neuf par jour.

Pharmacien: Bonjour madame, vous désirez?

Femme: Bonjour monsieur, je voudrais un bon sirop pour la gorge, s'il vous plaît.

Pharmacien: Oui, en voici un. Prenez-en une cuillère à soupe le matin et une cuillère à soupe le soir avant de vous coucher.

Pharmacien: Bonjour madame, vous désirez?

Femme: Je voudrais une crème pour les piqûres d'insectes. J'ai été piquée par des moustiques, et ça me démange beaucoup.

Pharmacien: Voici une pommade apaisante. Vous en appliquez deux fois par jour sur les parties affectées.

Pharmacien: Madame, qu'est-ce que je peux faire pour vous?

Femme: Est-ce que vous que vous avez quelque chose pour les maux d'estomac, s'il vous plaît?

Pharmacien: Oui, vous préférez des pastilles ou des gélules?

Femme: Des gélules, s'il vous plaît.

Pharmacien: Voilà … alors vous en prenez une avec beaucoup d'eau quand vous avez mal à l'estomac.

Pharmacien: Monsieur, vous désirez?

Homme: J'ai très mal à la gorge. Est-ce que vous avez des pastilles à sucer?

Pharmacien: Oui, voilà. Prenez-en une toutes les trois heures, mais pas plus de cinq par jour.

La Francophonie

A

Le Vanuatu n'est qu'à une heure d'avion de la Nouvelle-Calédonie, et à trois heures et demie de Sydney en Australie.

Dans l'archipel du Vanuatu il y a plus de 80 îles volcaniques et de volcans sous-marins. Neuf volcans sont toujours actifs.

Le Vanuatu est à 2172 kilomètres au nord-est de Sydney, à 5750 kilomètres au sud-ouest d' Honolulu.

La capitale de Vanuatu est Port Vila.

On parle plus de 120 langues distinctes dans l'archipel. C'est la plus forte densité linguistique du monde. Le bichelamar (un créole anglais) est la langue véhiculaire, et a le statut de langue nationale. L'anglais et le français sont les deux autres langues officielles avec le bichelamar. L'anglais et le français sont les langues d'éducation.

UNIT 10

2 A la maison

A

Femme: Vous voulez décorer votre maison et ne savez pas quelles couleurs choisir? Et bien, voici quelques conseils de notre spécialiste « bien-être ».

Spécialiste: Tout d'abord, le rouge. Cette couleur est idéale dans des pièces comme le couloir, la cuisine, car elle apporte une sensation de chaleur.

La couleur orange, elle, a un effet bénéfique sur le système digestif. Elle est donc parfaite pour une salle à manger; elle crée un effet de sécurité et confort.

Le jaune, c'est la couleur du soleil, c'est une couleur joyeuse qui stimule le cerveau. Le jaune est idéal dans un bureau.

Le vert est la couleur de la nature. Cette couleur donne un effet de relaxation et d'espace. Elle est parfaite dans une chambre à coucher, comme d'ailleurs la couleur turquoise.

Le bleu est la couleur favorite de beaucoup de gens. Cette couleur crée un environnement spacieux et calme. Le bleu foncé est relaxant, il est parfait pour la méditation. Le bleu est idéal pour un salon ou une bibliothèque.

Le marron, c'est la couleur de la terre. Le marron apporte la stabilité dans la maison. Il est préférable de l'introduire dans une pièce en utilisant des matériaux naturels comme le bois ou la céramique.

3 J'ai besoin d'un nouveau jean
C

Julien: Aurélie, regarde ces jeans. Ils sont sympas, non?

Aurélie: Ah oui, regarde le noir, il est bien aussi. Tu fais quelle taille?

Julien: Normalement, du 44.

Aurélie: Et bien, essaie un noir et un bleu, ils sont chouettes tous les deux.

Julien: Tu as raison. Attends, où sont les cabines d'essayage?

Aurélie: Là-bas au fond du magasin, à gauche.

Julien: OK, j'arrive...

A moment later...

Julien: Ecoute, c'est marrant, le noir est trop serré, par contre le bleu me va bien; pourtant c'est la même taille… bizarre, non?

Aurélie: Tu prends le bleu alors?

Julien: Oui, et puis j'ai besoin d'une chemise ou d'un T-shirt aussi. Tiens, celui-là est sympa.

Aurélie: Oh non, pas encore un rouge; regarde celui-ci, vert kaki, c'est à la mode. Essaie-le … tu fais L ou M?

Julien: L. Je vais l'essayer…

A moment later…

Aurélie: Super! Il te va bien. Ah ouais, moi, j'aime bien!

Julien: OK, je prends le T-shirt et le jean. Où est la caisse?

4 J'ai passé un excellent week-end
C

Yasmin: Annie, vous avez l'air fatiguée. Vous avez passé un bon week-end?

Annie: Excellent, mais je n'ai pas arrêté une seconde!

Yasmin: Mais qu'est-ce que vous avez fait?

Annie: Et bien, tout d'abord, vendredi soir, Daniel et moi sommes allés chez des amis. Ils ont fait un barbecue. Nous avons bien mangé, nous avons bu et nous avons même dansé. Mais le lendemain, nous avons eu un mal de tête toute la matinée! On a plus 20 ans, hein! L'après-midi, je suis allée faire des courses; j'ai acheté un vase comme cadeau pour le mariage de ma cousine la semaine prochaine. Ensuite, j'ai fait un peu de ménage. Daniel a fait la vaisselle et a rangé la chambre des enfants. Le soir, nous sommes restés à la maison, on a regardé la télévision. Hier, nous sommes allés faire un pique-nique sur la plage. Nous avons joué au badminton, au Frisbee, au football et regardez, j'ai pris un coup de soleil dans le cou et sur mon nez! En tout cas, j'ai bien dormi, mais ce matin, j'ai eu beaucoup de mal à me lever …

AUDIO CONTENT

The *Access French* audio material
consists of two CDs or cassettes,
as follows:

TAPE 1
Side 1: Unit 1–Unit 4 Activité 3
Side 2: Unit 4 Activité 4–Unit 6

TAPE 2
Side 1: Unit 7–Unit 9 Activité 2
Side 2: Unit 9 Activité 3–Unit 10

CD 1
Unit 1: tracks 1–9
Unit 2: tracks 10–15
Unit 3: tracks 16–18
Unit 4: tracks 19–23
Unit 5: tracks 24–27
Unit 6: tracks 28–31

CD 2
Unit 7: tracks 1–5
Unit 8: tracks 6–10
Unit 9: tracks 11–17
Unit 10: tracks 18–22

REFERENCE CARDS

The following are examples of cards for some of the pair- and groupwork activities in the coursebook. These can also be found on our website www.accesslanguages.com

UNIT 1
1E

Napoléon

Joséphine

5B

- Valenciennes
- Saint-Dizier
- Marquigny
- Londres

- Douvres
- Dhaussy
- Dupont
- Chamonix

- Edimbourg
- Skraburski
- Durand
- Perpignan

- Tamise
- Jacquet
- Bertolin
- Saint-Amand

UNIT 4
5D

CARD 1

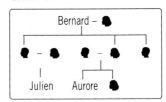

CARD 2

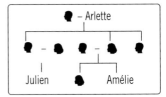

CARD 3

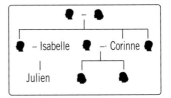

CARD 4

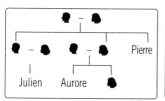

CARD 5

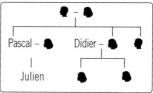

UNIT 6
3D

CARD 1

1 – parking
2 – banque
3 – supermarché
4 – école
5 – théâtre
6 – Hôtel de Ville
7 – syndicat d'initiative
8 – cinéma
9 – poste

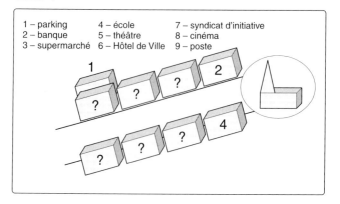

CARD 2

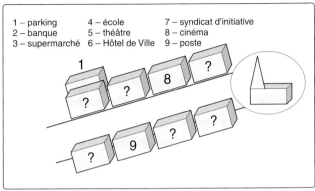

1 – parking   4 – école   7 – syndicat d'initiative
2 – banque   5 – théâtre   8 – cinéma
3 – supermarché   6 – Hôtel de Ville   9 – poste

CARD 3

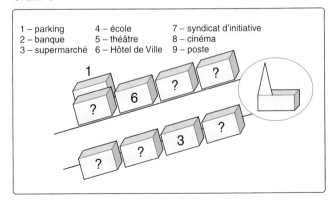

1 – parking   4 – école   7 – syndicat d'initiative
2 – banque   5 – théâtre   8 – cinéma
3 – supermarché   6 – Hôtel de Ville   9 – poste

CARD 4

1 – parking   4 – école   7 – syndicat d'initiative
2 – banque   5 – théâtre   8 – cinéma
3 – supermarché   6 – Hôtel de Ville   9 – poste

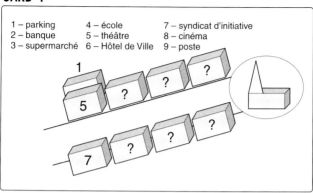

CARD 5

1 – parking   4 – école   7 – syndicat d'initiative
2 – banque   5 – théâtre   8 – cinéma
3 – supermarché   6 – Hôtel de Ville   9 – poste

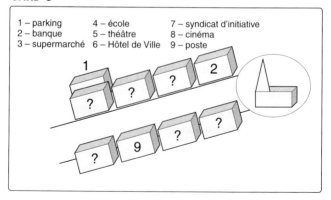

For additional cards, different places
can be substituted for the ones in
the boxes, but without altering the
numbers.

UNIT 7
2F

United States plane two weeks friend	**Austria** car one month children
Belgium Eurostar one week wife/husband	**Spain** plane two weeks fiancee